Dieses Buch erzählt eure Geschichte:

Dein Name

&

Name deines Hundes

Hier ist Platz für ein Foto von euch beiden:

Das kreative Eintragbuch
FÜR DICH UND DEINEN HUND

Inhaltsverzeichnis

Kapitel 1: Deine Fellnase — 12

Steckbrief deiner Fellnase	13
Von hier kommt deine Fellnase	14
Euer erstes Treffen	15
Shoppingliste – das braucht dein Hund	16
So machst du dein Zuhause hundesicher	17
Das neue Zuhause deiner Fellnase	18
Und Action! Das alles möchtest du mit deinem Hund erleben!	19
Der erste Tag deiner Fellnase bei dir – Rückblick	20
Tagebuch der ersten Tage	21
Wichtige Termine nach dem Einzug	22
Die erste Welpenstunde	23
So sieht deine Fellnase aus	24
So tickt deine Fellnase	25
Steckbriefe deiner Hundefreunde	26
Funfacts zu deinem Hund	28
Zeichne ein Bild von deinem Hund	29
Das erste Weihnachtsfest bei dir	30
Der erste Geburtstag bei dir	31

Kapitel 2: Erziehung & Gesundheit — 32

Hundeschule / Hundeverein	33
Trainingsstand deines Hundes	34
Eure Trainingsziele	36
Die besten Tipps für das Hundetraining	37
Trainingserfolge nach Tagen	38
Trainingserfolge nach Wochen	40
Trainingserfolge nach Monaten	42
Die Fütterung deines Hundes	44
Lieblingsleckerlis/-futter	45
Leckere Leberwurstkekse selber backen	46
Gewichtstracker	47
Tierarztbesuche	48
Impfungen / Entwurmungen	50
DIY Hundegesundheit	51

Kapitel 3: Spiel & Spaß — 52

Spielzeit	53
DIY-Tipp: Schnüffelteppich	54
Basteltipp: XMAS-Hundekalender	55
Test: Wie schlau ist dein Hund?	56
Life-Hacks im Alltag mit Hund	58
Zitat	59
Schnüffelspiele für die Gassirunde	60
Drei ganz einfache Tricks für Hunde	61
Inventur der Hundegarderobe	62
Spende an dein örtliches Tierheim	64
Die witzigsten Momente mit deinem Hund	66
Pfotenabdruck deines älteren Hundes	67
Spiele-Tracker	68
Unsere schönsten Spaziergänge	70
Was ist Agility?	72
Agility-Tracker	73
Was ist Apportieren?	74
Apportier-Tracker	75
Quiz zur Hundesprache	76
Wusstest du, dass …	78
Berühmte Hunde	79
Momente der Dankbarkeit	80

Kapitel 4: Gassi, Ausflüge & Urlaub — 82

Zitat	83
Bindung beim Gassigehen stärken	84
Unsere Top-3-Gassirunden	85
Gassirunden-Tracker	86
Bucketlist für Ausflüge mit deinem Hund	88
So fährt dein Hund sicher im Auto mit	89
Urlaub mit Hund	90
Urlaubserinnerungen	92

Kapitel 5: Der Hundesenior — 94

Für meine graue Schnauze	95
So langsam wird dein Hund älter	96
In die (Hunde-)Jahre gekommen	97
Wunschliste für die letzten Jahre mit deinem Hund	98

Die Regenbogenbrücke	99	Familienplaner / Stundenplan	112
Deine liebsten Erinnerungsstücke an deinen Hund	100	Das kostet dein Hund	114
Lieblingsfoto	101	Doggy Birthdays	116
Abschiedsbrief an deine Fellnase	102	Auflösung und Ergebnisse zum Hunde-IQ-Test	118
		Auflösung und Ergebnisse zum Quiz zur Hundesprache	119
Kapitel 6: Nützliches & Schönes	104	Wichtige Kontaktdaten auf einen Blick	120
		Wichtige Infos für den Tiersitter	121
Zitat	105	Die Autorin & ihre Fellnasen	122
Wichtige Adressen	106		
Kalender Tierpensionen	108		
Kalender Hundesitter	110		

Das Glück steht jeden Tag wedelnd vor dir.

Dein Leben mit deiner Fellnase

Ein Leben mit Hund ist voller gemeinsamer Abenteuer und großer und kleiner Momente im Alltag. Dieses Buch soll dir helfen, all diese besonderen Momente mit deinem Hund festzuhalten.

Von den Vorbereitungen, über den Einzug ins neue Zuhause, den ersten Herausforderungen und Erfolgen bis hin zu gemeinsamen Unternehmungen – „Fellnasentage" ist eine Hommage an die einzigartige Beziehung zwischen dir und deinem Hund.

Randvoll mit Tipps für ein gesundes und glückliches Hundeleben, tollen DIY-Ideen, lustigen Tests und vielen interessanten Informationen rund um den Hund, hilft dir dieses Buch, deine Fellnase besser kennenzulernen. Hier kannst du dir Trainingsziele setzen, eure Fortschritte festhalten, eure Lieblingsspiele und die schönsten Gassirunden vermerken oder den ersten gemeinsamen Urlaub planen. Tracker zu verschiedenen Hundethemen, wichtige Adressen und Gesundheitsinformationen zu deinem Hund unterstützen dich dabei, alles Wichtige im Blick zu haben. Außerdem findest du viele Anregungen, die den Alltag mit deinem Hund besonders machen und bei denen du deiner Kreativität freien Lauf lassen kannst.

Halte deine liebsten Erinnerungen in diesem Buch fest, das ganz deinem Vierbeiner gewidmet ist. Ich wünsche dir und deiner Fellnase viele schöne Jahre und wundervolle Erlebnisse.

Liebe Grüße

Franziska & das Lieblingsrudel

Pfotenabdruck deines Hundes

Hier ist Platz für den Pfotenabdruck deines Hundes. Drücke seine Pfote einfach kurz auf ein Stempelkissen und dann auf diese Seite.

Wenn du damit fertig bist, reinige die Pfote deines Hundes gründlich mit lauwarmem Wasser und einer milden Hundeseife.

Steckbrief deiner Fellnase

Name:
Geburtstag:
Einzug bei dir:
Rasse:
Fellfarbe:
Besondere Merkmale:
Größe: cm
Gewicht: kg

Steuernr.:
Haftpflichtversicherung:
Versicherungsnr.:
Chip-Nummer:
Tätowierungsnummer:
TASSO Kennnummer:

Hier ist Platz für ein Foto
von   :

Von hier kommt deine Fellnase

Geboren am:

Mutter:

Vater:

Wurfgeschwister:

Kontaktadresse Züchter / Tierheim:

Hier ist Platz für ein Welpenfoto oder das erste Foto, das du von deinem Hund gemacht hast:

Euer erstes Treffen

Euer erstes Date war am:

Da habt ihr euch getroffen:

So war das erste Treffen mit deiner Fellnase:

Hier ist Platz für das allererste Foto von euch beiden:

Shoppingliste – das braucht dein Hund

Futter- und Wassernapf
(höhenverstellbar für Hunde großer Rassen)

Leine, Halsband, Geschirr, Schleppleine

Futter / Welpenfutter
(Kaufe für die erste Zeit das gleiche Futter, das dein Hund bereits erhält, und stelle ihn erst langsam auf eine neue Sorte um.)

Sorte:

Hundebett, Hundekorb, Hundedecke

Hundespielzeug

Auto-Transportbox / Trenngitter / Sicherheitsgurt

Leckerlis, Kausnacks, Trainingsleckerlis

Hundebürste, Flohkamm, Krallenschere etc.

Pflegeprodukte für Hunde (Hundeshampoo, Ohrreiniger, Zeckenschutz etc.)

Hausapotheke für Hunde / Erste-Hilfe-Set

Hundekotbeutel

Steuern und Versicherungen:

Hundehalter-Haftpflichtversicherung

Anmeldung zur Hundesteuer

Registrierung bei TASSO e.V.

ggfs. Hunde-Krankenversicherung

So machst du dein Zuhause hundesicher

- Treppen absichern
- Stromkabel verstecken
- Kindersicherungen in Steckdosen montieren
- Schränke verschließen
- persönliche Sachen wegräumen
- giftige Zimmerpflanzen hochstellen
- giftige Gartenpflanzen absichern
- Putzmittel und chemische Substanzen außer Reichweite stellen
- Zäune und Balkongeländer sichern
- Pool oder Teich sichern

Weitere To-dos, bevor deine Fellnase bei dir einzieht:

Das neue Zuhause deiner Fellnase

Dein Hund wird leben in:

Wohnung in Mehrfamilienhaus
Wohnung mit Garten
Haus mit Grundstück

Ländlich oder in der Stadt:

Großstadt
Stadt / Innenstadt
Stadtrand
Dorf

Dein Hund lebt:

mit dir allein
in einer Familie / Partnerschaft
mit Kindern
mit anderen Hunden:

mit anderen Tieren:

Sonstiges:

Deine Familie:

Zeichne hier ein Bild weiterer Menschen oder Tiere in deinem Haushalt und schreibe ihre Namen dazu!

Und Action! Das alles möchtest du mit deinem Hund erleben!

Hundesportarten, die ihr ausprobieren wollt:

Ausflüge und Wanderungen:

Urlaubsländer, die du mit deinem Hund entdecken möchtest:

Weitere Ideen:

Der erste Tag deiner Fellnase bei dir – Rückblick

Lustigster oder schönster Moment beim Abholen:

So war die Fahrt nach Hause:

Euer erstes gemeinsames Spiel war:

Das erste Foto im neuen Zuhause:

Tipp:

Gehe eine kleine Runde Gassi mit deinem Hund, bevor ihr das neue Zuhause betretet. Das hilft ihm, den Stress von der Autofahrt abzubauen.
Hier gibt es noch mehr Tipps:
https://das-lieblingsrudel.de/einzug-eines-neuen-hundes/

Tagebuch der ersten Tage

Datum:

Das ist heute passiert:

Datum:

Das ist heute passiert:

Datum:

Das ist heute passiert:

Datum:

Das ist heute passiert:

Wichtige Termine nach dem Einzug

Tierarzt und Impfungen

Erster Tierarzttermin:
Gesundheitscheck:
erste Impfung:
zweite Impfung:

Weitere Termine:
1)   Wann?
2)   Wann?
3)   Wann?
4)   Wann?

Treffen mit Hundefreunden

Hier kannst du feste Verabredungen mit deinen Freunden eintragen, die mit euch gemeinsam Gassi gehen.

Wann?	Wer?	Wo?	Notizen

Tipp für die ersten Tage:

Beschäftige dich viel mit deinem Hund. Geht gemeinsam Gassi, denn das stärkt die Bindung zwischen euch. Lerne seine Körpersprache kennen und verstehen. Zeige ihm alles, was ihn in seinem neuen Leben erwartet, mit viel Geduld und Verständnis.

Die erste Welpenstunde

Das ist eure Hundeschule:

Name:

Adresse:

Website:

E-Mail-Adresse:

Telefonnummer:

Datum des ersten Termins:

So lief´s:

- ausbaufähig
- zufriedenstellend
- gut
- ausgezeichnet

Hier kannst du deine Eindrücke festhalten:

So sieht deine Fellnase aus

Fellfarbe:
schwarz   braun   gepunktet
weiß   gescheckt   eigene Zeichnung:

Größe: Gewicht:

Ohren:
hochstehend   Schlappohren
Fledermausohren   lange Schlappohren

Schwanz:
kurz und stummelig   lang und viel Fell
lang und wenig Fell   rund und hoch getragen

Gesicht / Schnauze:
Plattnase   kurze Nase   lange Nase

Körperbau:
schlank   normal   ziemlich dick
sportlich   leicht übergewichtig

Besonderheiten:

So tickt deine Fellnase

Charakter:

SCHÜCHTERN ☐	AUFMERKSAM ☐	ENTSPANNT ☐	CLEVER ☐
ÄNGSTLICH ☐	MOTIVIERT ☐	LIEBEVOLL ☐	TREUDOOF ☐
VERSPIELT ☐	FAUL ☐	AUFGEDREHT ☐	
VERSCHMUST ☐	GEMÜTLICH ☐	LANGSAM ☐	

Das Lieblingsspiel/Spielzeug deines Hundes:

BALL ☐	STÖCKCHEN ☐	FANGENSPIELEN ☐	FAHRRAD FAHREN ☐
SEIL ☐	SUCHSPIELE ☐	NASENARBEIT ☐	
KUSCHELTIER ☐	ZERRSPIELE ☐	HUNDESPORT ☐	

Top-5-Motivatoren für deine Fellnase

Trage hier ein, welche Art von Belohnungen dein Hund besonders gern mag (z. B. Lieblingsleckerli, Ballspiel, Streicheln). Diese kannst du im Alltag und Zusammenleben als Belohnung einsetzen und deinen Hund immer wieder mit etwas überraschen, das ihm richtig Spaß macht.

MOTIVATOR 1: _____
MOTIVATOR 2: _____
MOTIVATOR 3: _____
MOTIVATOR 4: _____
MOTIVATOR 5: _____

Steckbriefe deiner Hundefreunde

Name:

Herrchen/Frauchen:

Adresse:

gemeinsames Lieblingsspiel:

Name:

Herrchen/Frauchen:

Adresse:

gemeinsames Lieblingsspiel:

Name:

Herrchen/Frauchen:

Adresse:

gemeinsames Lieblingsspiel:

Name:

Herrchen/Frauchen:

Adresse:

gemeinsames Lieblingsspiel:

Name:

Herrchen/Frauchen:

Adresse:

gemeinsames Lieblingsspiel:

Name:

Herrchen/Frauchen:

Adresse:

gemeinsames Lieblingsspiel:

Name:

Herrchen/Frauchen:

Adresse:

gemeinsames Lieblingsspiel:

Name:

Herrchen/Frauchen:

Adresse:

gemeinsames Lieblingsspiel:

Name:

Herrchen/Frauchen:

Adresse:

gemeinsames Lieblingsspiel:

Name:

Herrchen/Frauchen:

Adresse:

gemeinsames Lieblingsspiel:

Name:

Herrchen/Frauchen:

Adresse:

gemeinsames Lieblingsspiel:

Name:

Herrchen/Frauchen:

Adresse:

gemeinsames Lieblingsspiel:

Funfacts zu deinem Hund

Spitznamen:

Die besten Freunde deines Hundes:

Die witzigsten Macken deines Hundes:

An diesen Stellen ist dein Hund kitzelig:

Verrückte Aktionen deines Hundes:

An diesen Stellen lässt sich dein Hund besonders gut streicheln:

Zeichne ein Bild von deinem Hund

Nachdem du deinen Vierbeiner nun besser kennengelernt hast, zeichne ein Bild von ihm und versuche, darin auch ein Stück von seinem Charakter zum Ausdruck zu bringen. Du kannst dann auch noch eine Strähne Fell einkleben, wenn du möchtest.

Hier ist Platz für ein selbst gezeichnetes Bild von deiner Fellnase:

Das erste Weihnachtsfest bei dir

Das war Weihnachten:

Wunschliste deines Hundes:

-
-

-
-

Es haben mitgefeiert:

-
-
-

-
-

weihnachtliches Foto von deinem Hund:

Tipp:
Bastle für deinen Hund einen Adventskalender und überrasche ihn täglich mit einer kleinen Aufmerksamkeit. Tolle Ideen dazu findest du auf Seite 55.

Der erste Geburtstag bei dir

Das war dein erster Geburtstag:

Wunschliste deines Hundes:

-
-

-
-

Es haben mitgefeiert:

-
-
-

-
-

Foto vom Geburtstagskind:

Tipp:

Überrasche deinen Hund mit einer leckeren Geburtstagstorte.
Hier findest du einige Rezepte:
https://das-lieblingsrudel.de/5-rezepte-geburtstagskuchen-hunde/

Hundeschule / Hundeverein

Das ist eure Hundeschule / euer Hundeverein:
Name:
Adresse:
E-Mail:
Telefon:
euer Trainer:

Kurse, die ihr besucht oder machen wollt:

Grunderziehung   Rückruftraining
Hundeführerschein   Trickschule
Leinenführigkeit
Anti-Giftködertraining
Anti-Jagdtraining

Hundesportarten, die ihr ausprobieren wollt:

Agility
Nasenarbeit
Mantrailing
Dog Dancing

Trainingsstand deines Hundes

Aktueller Stand:

Das kann dein Hund schon richtig gut:

auf eigenen Namen hören	Leinenführigkeit
Stubenreinheit	Rückruf
Sitz	Allein bleiben
Platz	
Bleib	

So verhält sich dein Hund beim Training:

entspannt	unwillig
aufmerksam	aggressiv
motiviert	aufgedreht
freudig	unkonzentriert
gelangweilt	Bedürfnis zu gefallen
abgelenkt	
desinteressiert	
übermütig	

Trainingstipp:

Nutze ein Hilfsmittel, wie z. B. einen Clicker, um deinen Hund im Training genauer belohnen zu können. Die Liste der Top-5-Motivatoren hilft dir außerdem, deinen Hund mit etwas zu belohnen, das ihm viel Spaß macht. So ist er immer motiviert, wenn du mit ihm trainieren möchtest.

Das sind eure Baustellen:

Stubenreinheit
Grundgehorsam
Impulskontrolle
Leinenführigkeit
Leinenaggression
Rückruf
Jagdverhalten
Futteraggression

Trainingstipp:

Achte genau auf Mimik und Körpersprache deines Hundes und erkenne so, ob er deine Kommandos versteht oder mit der Situation überfordert ist. Solltet ihr im Training nicht weiterkommen, gehe einen Schritt zurück und übe bereits Bekanntes, auf dem du aufbauen kannst.

Eure Trainingsziele

Hier kannst du dir Ziele im Hundetraining stecken und in kleinen Schritten planen. So kannst du große Ziele in kleinere aufteilen, effektiv mit deinem Hund arbeiten und schneller Erfolge erzielen.

Trainingsziel 1

Kernthema: _____ Meilenstein 3: _____
Meilenstein 1: _____ Meilenstein 4: _____
Meilenstein 2: _____ Meilenstein 5: _____

Fazit: ausbaufähig ☐ zufriedenstellend ☐ gut ☐ hervorragend ☐

Trainingsziel 2

Kernthema: _____ Meilenstein 3: _____
Meilenstein 1: _____ Meilenstein 4: _____
Meilenstein 2: _____ Meilenstein 5: _____

Fazit: ausbaufähig ☐ zufriedenstellend ☐ gut ☐ hervorragend ☐

Trainingsziel 3

Kernthema: _____ Meilenstein 3: _____
Meilenstein 1: _____ Meilenstein 4: _____
Meilenstein 2: _____ Meilenstein 5: _____

Fazit: ausbaufähig ☐ zufriedenstellend ☐ gut ☐ hervorragend ☐

Die besten Tipps für das Hundetraining

Tipp 1
Übe am besten mehrmals am Tag in kurzen Einheiten von ein paar Minuten. Gib deinem Hund zwischendurch genug Zeit, das Erlernte zu verarbeiten.

Tipp 2
Setze dir klare Trainingsziele und teile diese in möglichst viele kleine Schritte auf. Versuche dich erst am nächsten Schritt, wenn dein Hund das Gelernte zuverlässig umsetzt. Dazu kannst du super die Übersicht der Trainingsziele auf der vorherigen Seite nutzen.

Tipp 3
Nutze die Top-5-Motivatoren (siehe Seite 25) deines Hundes. So bringst du Spaß und Spannung in das Hundetraining und er wird jedes Mal von Neuem mit Begeisterung dabei sein.

Tipp 4
Bleibe immer ruhig und freundlich. Trainiere nicht mit deinem Hund, wenn du genervt oder gestresst bist, und habe Spaß an der gemeinsamen Aktivität.

Tipp 5
Wenn dein Hund ein Kommando nicht umsetzen kann, hilf ihm. Das stärkt eure Bindung enorm. Wenn er dann immer noch nicht weiß, was er tun soll, übe noch einmal den vorherigen Schritt und versuche es später erneut.

Tipp 6
Beende dein Hundetraining immer mit einem Erfolgserlebnis und jeder Menge Spaß und Belohnung für die tolle Arbeit. Nur ein motivierter Hund, dem das Training Spaß macht, wird auch beim nächsten Mal wieder hochmotiviert dabei sein.

Trainingserfolge nach ☐ Tagen

Anzahl der Tage hier eintragen

Hier kannst du deine Fortschritte im Training mit deinem Hund festhalten:

Datum:
Was habt ihr trainiert?
Wo habt ihr trainiert?
zu Hause   mit wenig Ablenkung
draußen   mit viel Ablenkung
Was lief besonders gut?

Woran müsst ihr noch arbeiten?

Datum:
Was habt ihr trainiert?
Wo habt ihr trainiert?
zu Hause   mit wenig Ablenkung
draußen   mit viel Ablenkung
Was lief besonders gut?

Woran müsst ihr noch arbeiten?

Trainingserfolge nach ☐ Tagen

Hier kannst du deine Fortschritte im Training mit deinem Hund festhalten:

Datum:

Was habt ihr trainiert?

Wo habt ihr trainiert?

zu Hause ☐   mit wenig Ablenkung ☐

draußen ☐   mit viel Ablenkung ☐

Was lief besonders gut?

Woran müsst ihr noch arbeiten?

Datum:

Was habt ihr trainiert?

Wo habt ihr trainiert?

zu Hause ☐   mit wenig Ablenkung ☐

draußen ☐   mit viel Ablenkung ☐

Was lief besonders gut?

Woran müsst ihr noch arbeiten?

Trainingserfolge nach ☐ Wochen

Hier kannst du deine Fortschritte im Training mit deinem Hund festhalten:

Datum:
Was habt ihr trainiert?
Wo habt ihr trainiert?
zu Hause   mit wenig Ablenkung
draußen   mit viel Ablenkung
Was lief besonders gut?

Woran müsst ihr noch arbeiten?

Datum:
Was habt ihr trainiert?
Wo habt ihr trainiert?
zu Hause   mit wenig Ablenkung
draußen   mit viel Ablenkung
Was lief besonders gut?

Woran müsst ihr noch arbeiten?

Trainingserfolge nach ☐ Wochen

Hier kannst du deine Fortschritte im Training mit deinem Hund festhalten:

Datum:
Was habt ihr trainiert?
Wo habt ihr trainiert?
zu Hause   mit wenig Ablenkung
draußen   mit viel Ablenkung
Was lief besonders gut?

Woran müsst ihr noch arbeiten?

Datum:
Was habt ihr trainiert?
Wo habt ihr trainiert?
zu Hause   mit wenig Ablenkung
draußen   mit viel Ablenkung
Was lief besonders gut?

Woran müsst ihr noch arbeiten?

Trainingserfolge nach ☐ Monaten

Hier kannst du deine Fortschritte im Training mit deinem Hund festhalten:

Datum:
Was habt ihr trainiert?
Wo habt ihr trainiert?
zu Hause   mit wenig Ablenkung
draußen   mit viel Ablenkung
Was lief besonders gut?

Woran müsst ihr noch arbeiten?

Datum:
Was habt ihr trainiert?
Wo habt ihr trainiert?
zu Hause   mit wenig Ablenkung
draußen   mit viel Ablenkung
Was lief besonders gut?

Woran müsst ihr noch arbeiten?

Trainingserfolge nach ▢ Monaten

Hier kannst du deine Fortschritte im Training mit deinem Hund festhalten:

Datum:
Was habt ihr trainiert?
Wo habt ihr trainiert?
zu Hause ▢ mit wenig Ablenkung ▢
draußen ▢ mit viel Ablenkung ▢
Was lief besonders gut?

Woran müsst ihr noch arbeiten?

Datum:
Was habt ihr trainiert?
Wo habt ihr trainiert?
zu Hause ▢ mit wenig Ablenkung ▢
draußen ▢ mit viel Ablenkung ▢
Was lief besonders gut?

Woran müsst ihr noch arbeiten?

Die Fütterung deines Hundes

Dein Hund wird gefüttert mit:

BARF   Selbstgekochtem   Nassfutter   Trockenfutter
Halbfeuchtem   Diätfutter   Getreidefreiem   Hypoallergenem

Futtersorte:

Rationen deines Hundes

- Morgens Uhrzeit   , Menge   , Fütterungsart
- Mittags Uhrzeit   , Menge   , Fütterungsart
- Abends   Uhrzeit   , Menge   , Fütterungsart

Tägliche Leckerlis für deinen Hund:

Leckerli	Menge

3 Gourmet Tipps für alle Fütterungsarten:

Peppe das Futter deines Hundes doch ab und zu mit Kräutern und Ölen auf. Diese schmecken nicht nur den meisten Hunden sehr gut, sondern können auch die Gesundheit unterstützen.

– Kokosöl gegen Parasiten
– Petersilie gegen Mundgeruch
– einige Tropfen Schwarzkümmelöl gegen Zecken (Dosierung beachten)

Lieblingsleckerlis/-futter

Klebe hier Verpackungen ein oder male auf,
was dein Hund besonders gern frisst.

Leckere Leberwurstkekse selber backen

Zutaten:

100 g Leberwurst
100 g grobe Haferflocken
100 g feine Haferflocken
150 g Hüttenkäse
1 Ei
6 EL Öl

Zubereitung:

Alle Zutaten in einer Schüssel miteinander verrühren und etwas Wasser dazugeben, wenn der Teig zu fest ist.

Die Arbeitsfläche mit Mehl bestäuben und den Teig darauf ca. 3 cm dick ausrollen. Dann ausstechen mit Förmchen deiner Wahl. Alternativ kannst du den Teig auch in eine Backmatte drücken, wenn du kleinere Trainingsleckerlis haben möchtest.

Im vorgeheizten Backofen bei 180 °C (Umluft) ca. 20 Minuten backen, bis die Kekse leicht braun sind. Gut abkühlen lassen, bevor du sie deinem Hund fütterst.

In einer luftdichten Dose verpackt, lassen sich die Leckerlis bis zu 3 Wochen lagern.

Tipp:

Dieses Rezept enthält relativ viel Fett. Achte auf die Menge der Leckerlis, wenn dein Hund zu Übergewicht neigt, und ziehe diese bei Bedarf von den täglichen Futterrationen ab.

Gewichtstracker

Wenn dein Hund Gewichtsprobleme hat,
kannst du hier wöchentlich sein Gewicht notieren.

	Gewicht	Gewichtsabnahme/ Gewichtszunahme
Woche 1		
Woche 2		
Woche 3		
Woche 4		
Woche 5		
Woche 6		
Woche 7		
Woche 8		

Welche Veränderungen erkennst du im Verhalten
deines Hundes seit der Gewichtsabnahme?

Tierarztbesuche

Datum:

Was war das Problem?

Was wurde gemacht?

Kosten:

Folgetermin:

      Nein   Ja -> wann?

Medikament	Dosis	Mo	Di	Mi	Do	Fr	Sa	So

Datum:

Was war das Problem?

Was wurde gemacht?

Kosten:

Folgetermin:

      Nein   Ja -> wann?

Medikament	Dosis	Mo	Di	Mi	Do	Fr	Sa	So

Datum:

Was war das Problem?

Kosten:

Folgetermin:
　　　nein　　ja -> wann?

Was wurde gemacht?

Medikament	Dosis	Mo	Di	Mi	Do	Fr	Sa	So

Datum:

Was war das Problem?

Kosten:

Folgetermin:
　　　nein　　ja -> wann?

Was wurde gemacht?

Medikament	Dosis	Mo	Di	Mi	Do	Fr	Sa	So

Impfungen / Entwurmungen

Impftermine für deinen Hund:

Datum	Uhrzeit	Wogegen

Die nächste Wurmkur ist fällig am:

Tipp gegen Würmer:

Statt deinem Hund prophylaktisch chemische Wurmkuren zu geben, teste doch erst einmal, ob er überhaupt Würmer hat. Mit Kräutern und natürlichen Nahrungszusätzen kannst du deinen Hund unterstützen und im Verdauungstrakt ein wurmfeindliches Milieu schaffen. Weitere Infos findest du hier:
https://das-lieblingsrudel.de/natuerliche-wurmkur-fuer-hunde/

DIY Hundegesundheit

Rezept für Hundezahncreme für die regelmäßige Zahnpflege deines Hundes

Zutaten:

1 Tasse Kokosöl

1/2 TL Kurkuma

1/8 TL getrocknete Petersilienflocken

1 TL Schlämmkreide (bei bestehenden Zahnbelägen)

So einfach geht´s:

Kokosöl im Wasserbad erhitzen und alle Zutaten unterrühren. Lagerung im Kühlschrank, vor Gebrauch auf Zimmertemperatur erwärmen. Die Zahncreme kannst du ganz einfach auf eine Hundezahnbürste oder eine Fingerbürste geben und deinem Hund damit wie gewohnt die Zähne putzen. Petersilie im Hundefutter kann auch gegen Mundgeruch helfen.

Zutaten:

1 TL Bienenwachs

2 TL Olivenöl

2 TL Sheabutter

2 TL Kokosöl

Selbst gemachter Pfotenbalsam für rissige und beanspruchte Pfoten

So einfach geht´s:

Die Zutaten im Wasserbad unter ständigem Rühren erhitzen, bis alles gut vermischt ist. In eine leere Cremedose umfüllen und abkühlen lassen, bis sie wieder fest ist. Bei Bedarf sanft mit dem Finger in die Pfotenballen einmassieren.

Spielzeit

Zeichne die Lieblingsspiele und -spielzeuge deines Hundes!

DIY-Tipp: Schnüffelteppich

Schnüffeln ist bei den meisten Hunden eine sehr beliebte Beschäftigung. Mit einem „Schnüffelteppich" kannst du deinen Hund bei schlechtem Wetter in der Wohnung auslasten.

Das brauchst du:

2 Fleecedecken
1 scharfe Schere
1 Spülmatte

Ran ans Werk:

Entferne den Rand der Fleecedecken und schneide sie dann in 2–3 cm breite und ca. 25 cm lange Streifen. Diese Streifen fädelst du durch die Löcher der Spülmatte und verknotest sie. Alle Löcher mit Fleecestreifen versehen und fertig.

Verstecke z. B. die selbst gebackenen Leckerlis von Seite 46 zwischen den Fleecestreifen und lass deinen Hund danach suchen. Er wird mit Sicherheit begeistert dabei sein und hinterher zufrieden eine Runde schlafen.

Basteltipp: XMAS-Hundekalender

Mit einem Adventskalender für deinen Hund kannst du deiner Kreativität freien Lauf lassen und deine Fellnase mit weihnachtlichen Naschereien verwöhnen.

Du brauchst:

24 Papiertüten, Bastelwürfel oder Säckchen
1 Rolle Schnur bei Bedarf
Zahlen 1–24
selbst gebackene Leckerlis
(z. B. Rezept Seite 46)
besondere Kausnacks
(für den 6. und 24. Dezember)

So einfach geht´s:

Befülle die Türchen mit unterschiedlichen Leckerlis und Kausnacks. Schreibe oder klebe die Nummern der Türchen auf die Tüten oder Kartons. Papiertüten oder -beutel kannst du toll an der Schnur aufhängen.

Lass deinen Hund jeden Tag zu einer bestimmten Uhrzeit sein Türchen öffnen. Dann wird er nach einigen Tagen bereits freudig zu seinem Adventskalender laufen und ihr könnt ein schönes, kleines Ritual daraus machen.

Achte darauf, nur ungefährliche und hundefreundliche Materialien zu nutzen, z. B. keinen Klebstoff und nur unbehandeltes Papier. Dann kann dein Hund sein Türchen selbst auspacken, ohne sich dabei zu verletzen.

Wie schlau ist dein Hund?

Ist dein Hund ein kluges Köpfchen oder eher der treudoofe Typ?
Finde es heraus mit unserem IQ-Test für Hunde.

Frage 1:
Wie viele Grundkommandos, z. B. „Sitz", „Platz" oder „Bleib", kann dein Hund zuverlässig ausführen?

A) Gar keines
B) Eins bis fünf
C) Mehr als fünf Kommandos

Frage 2:
Hast du das Gefühl, dass dein Hund versteht, wenn du über ihn sprichst?

A) Nein, gar nicht
B) Manchmal
C) Ja, er versteht sogar die grobe Bedeutung.

Frage 3:
Nimm drei Plastikbecher, drehe sie um und verstecke unter einem davon ein Leckerli. Wie schnell findet dein Hund den Becher, unter dem die Belohnung versteckt ist?

A) Er schnuppert kurz und findet das Leckerli sofort.
B) Er schnuppert und schaut dich hilfesuchend an.
C) Er versteht nicht, was das soll, und verliert das Interesse.

Frage 4:
Ihr geht an der Leine auf eine belebte Straße mit viel Verkehr zu. Wie verhält sich dein Hund?

A) Er läuft einfach weiter und du musst ihn aktiv stoppen.
B) Er bleibt stehen und reagiert vorsichtig.
C) Er schaut sich um und orientiert sich an dir.

Frage 5:
Erstelle eine Liste aller Wörter und Kommandos, die dein Hund versteht. Auf wie viele kommst du?

A) Bis zu 20 Wörter
B) Bis zu 50 Wörter
C) Mehr als 50 Wörter

Frage 6:
Wie schnell lernt dein Hund ein neues Kommando oder einen Trick?

A) Superschnell. Nach ein paarmal Üben hat er es verstanden.
B) Er braucht manchmal etwas länger, aber dann fällt der Groschen.
C) Er ist schnell gelangweilt oder überfordert und gibt auf.

Frage 7:
Erkennt dein Hund die Stimmung, in der du bist?

A) Nein, bis jetzt hat er das noch nicht.
B) Ja, sehr oft
C) Manchmal

Frage 8:
Dein Hund hat ein Problem, bei dem er gut deine Hilfe gebrauchen könnte. Wie reagiert er?

A) Er versucht es selbst und wird dabei immer ungeduldiger.
B) Er gibt auf, wenn er sieht, dass er nicht weiterkommt.
C) Er sucht dich und bittet dich, ihm zu helfen.

Die Auflösung des IQ-Tests findest du auf Seite 118.

Life-Hacks im Alltag mit Hund

Diese Tipps erleichtern dir den Alltag mit deinem Hund.

Hundehaare entfernen

Haare von Couch oder Kleidung kannst du mit einem feuchten Gummihandschuh oder einem angefeuchteten Duschabzieher schnell und effektiv entfernen.

Pfützen auf dem Teppich entfernen

Backpulver bzw. Backnatron ist die Wunderwaffe gegen kleine Unfälle auf deinen Teppichen und Polstermöbeln. Backpulver auf den Fleck streuen, trocknen lassen und einfach wegsaugen. Entfernt Gerüche zuverlässig.

Langsamer fressen

Dein Hund neigt dazu, sein Futter runterzuschlingen? Dann legst du am besten einfach einen Ball oder einige große Steine mit in seinen Napf. So verhinderst du, dass er zu schnell frisst.

Abkühlung im Sommer

Fülle einfach etwas Wasser oder Naturjoghurt und ein paar Stückchen Obst in leere Joghurtbecher, Eiswürfel- oder Muffinförmchen. Toll sind auch getrocknete Kausnacks, wie z. B. Rinderhufe oder Strossen. Da kann der Behälter direkt mitgefressen werden. Ein paar Stunden ins Tiefkühlfach und schon hast du eine leckere Erfrischung für deine Fellnase.

Vierbeiniger Haushaltshelfer

Aufräumen und Beschäftigung für deinen Hund in einem: Bringe ihm bei, seine Spielzeuge selbst aufzuräumen, und belohne ihn dafür.

Hunde lehren uns, jeden Moment zu genießen und den Alltag zu einem Abenteuer zu machen.

Schnüffelspiele für die Gassirunde

Auch wenn du mal nicht so viel Zeit zum Gassigehen hast, kannst du mit ein paar spannenden Suchspielen den Spaziergang für deinen Hund aufregend machen.

Verstecke unterwegs das Lieblingsspielzeug deines Hundes und lass es ihn suchen. Du kannst es z. B. in einem Gebüsch oder hinter einem Baum verstecken. Freue dich und belohne ihn, wenn er es gefunden hat. Suche am Anfang einfache Verstecke und steigere den Schwierigkeitsgrad nach und nach.

Wenn ihr zu zweit unterwegs seid, kann die andere Person deinen Hund festhalten, während du dich versteckst. Auf ein Zeichen hin wird dein Hund losgeschickt, um dich zu suchen. Du kannst ihm helfen, indem du ihn rufst. Hat er dich gefunden, dann freue dich und spiele eine Runde seines Lieblingsspiels mit ihm.

Wenn du eine Pause auf dem Spaziergang machst, verteile doch mal ein paar Leckerlis rund um die Bank im Gras und lass deinen Hund danach suchen. Hilf ihm, wenn er nicht alle findet, und lobe ihn mit deiner Stimme, wenn er eines gefunden hat.

Extratipp:

Wenn du möchtest, dass dein Hund unterwegs mehr auf dich achtet, dann überrasche ihn doch hin und wieder mit deinen Qualitäten als Rudelchef. Hocke dich hin, rufe deinen Hund und zeige ihm mit dem Finger ein Leckerli, das du dort gerade hingeworfen hast. So wird er lernen, dich mehr im Auge zu behalten und schneller auf dich zu reagieren.

Drei ganz einfache Tricks für Hunde

Verbeugen

Dein Hund streckt die Vorderbeine aus und senkt den Oberkörper ab.
1. Setze dich vor deinen stehenden Hund und locke ihn mit ein paar Leckerlis mit dem Oberkörper leicht nach unten. Achte darauf, dass er währenddessen nicht mit den Hinterbeinen einknickt.
2. Nun lockst du ihn mit dem Leckerli immer weiter mit dem Oberkörper nach unten, bis er irgendwann auf dem Boden aufliegt.
3. Etabliere nun das Kommando und eine Handbewegung, die du für das Kommando benutzen möchtest.

Dreh dich

Bei diesem Trick dreht sich dein Hund um die eigene Achse. Dafür muss er zuerst lernen, deiner Hand zu folgen.
1. Nimm ein Leckerli zwischen Daumen und Mittelfinger. Der abgespreizte Zeigefiger zeigt deinem Hund die Richtung an. Halte ihm die Hand vor die Nase und locke ihn im Kreis um seine eigene Achse. Wenn er einmal rum ist, bekommt er die Belohnung.
2. Wiederhole die Übung mehrere Male und lass irgendwann das Futter weg, wenn du die Handbewegung machst.
3. Führe den stimmlichen Befehl ein und vergrößere den Abstand zu deinem Hund, sobald dieser den Befehl verstanden hat.

Elegant liegen

So bringst du deinem Hund bei, beim Liegen ganz elegant die Pfoten zu überkreuzen.
1. Lass deinen Hund vor dir Platz machen. Er soll dir seine Pfote in die Hand geben und wird jedes Mal ausgiebig belohnt. Halte deine Hand zuerst direkt vor ihn und wandere dann jedes Mal ein Stück weiter in Richtung seiner anderen Pfote.
2. Sobald dein Hund die Pfoten überkreuzt, ziehe deine Hand weg und belohne ihn ausgiebig.
3. Führe das Kommando ein und lass nach und nach die Hilfe mit deiner Hand weg.

Inventur der Hundegarderobe

Trage alle Sachen zusammen,
die deinem Hund gehören, und schreibe hier auf,
wie viele er davon hat:

Halsbänder, Geschirre: _____ Zustand? Gut Mittel Schlecht

Leinen: _____ Zustand? Gut Mittel Schlecht

Schleppleinen: _____ Zustand? Gut Mittel Schlecht

Leuchthalsbänder: _____ Zustand? Gut Mittel Schlecht

Futter- und Wassernäpfe: _____ Zustand? Gut Mittel Schlecht

Hundebett, Hundekissen, Hundedecke: _____ Zustand? Gut Mittel Schlecht

Bälle: _____ Zustand? Gut Mittel Schlecht

Futterdummy: _____ Zustand? Gut Mittel Schlecht

Spielzeuge: _____ Zustand? Gut Mittel Schlecht

Hundebürsten und Pflegeprodukte: _____ Zustand? Gut Mittel Schlecht

Gegenstand	Anzahl	Zustand

Spende an dein örtliches Tierheim

Mit Sicherheit gibt es Dinge, die dein Hund nicht mehr benutzt. Spende diese doch an das örtliche Tierheim oder eine Tierschutzorganisation deiner Wahl!

Gegenstand	Menge	Tierheim	Anmerkungen

Gegenstand	Menge	Tierheim	Anmerkungen

Foto deiner Spenden oder ein Foto aus dem Tierheim:

Die witzigsten Momente mit deinem Hund

Datum:
Was ist passiert:

Lachfaktor: ☺ ☺ ☺

Datum:
Was ist passiert:

Lachfaktor: ☺ ☺ ☺

Datum:
Was ist passiert:

Lachfaktor: ☺ ☺ ☺

Datum:
Was ist passiert:

Lachfaktor: ☺ ☺ ☺

Pfotenabdruck deines älteren Hundes

Hier ist Platz für einen weiteren Pfotenabdruck deines Hundes. Drücke seine Pfote einfach kurz auf ein Stempelkissen und dann auf diese Seite.

Wenn du damit fertig bist, reinige die Pfote deines Hundes gründlich mit lauwarmem Wasser und einer milden Hundeseife.

Spiele-Tracker

Hier kannst du eintragen, wann und was du mit deinem Hund gespielt hast. Trage auch ein, wie motiviert und begeistert dein Hund von der gemeinsamen Aktivität war. So kannst du entdecken, was deiner Fellnase besonders viel Spaß macht.

Datum:
Spiel:
Dauer:
Spaßfaktor: ☺☺☺

Datum:
Spiel:
Dauer:
Spaßfaktor: ☺☺☺

Datum:
Spiel:
Dauer:
Spaßfaktor: ☺☺☺

Datum:
Spiel:
Dauer:
Spaßfaktor: ☺☺☺

Datum:
Spiel:
Dauer:
Spaßfaktor: ☺☺☺

Datum:
Spiel:
Dauer:
Spaßfaktor: ☺☺☺

Gut zu wissen:

In der sozialen Interaktion, dem gemeinsamen Spielen und Toben, förderst du die Bindung zwischen dir und deiner Fellnase. Es stärkt das Zusammengehörigkeitsgefühl und fördert das Vertrauen.

Datum:
Spiel:
Dauer:
Spaßfaktor: ☺☺☺

Datum:
Spiel:
Dauer:
Spaßfaktor: ☺☺☺

Datum:
Spiel:
Dauer:
Spaßfaktor: ☺☺☺

Datum:
Spiel:
Dauer:
Spaßfaktor: ☺☺☺

Datum:
Spiel:
Dauer:
Spaßfaktor: ☺☺☺

Datum:
Spiel:
Dauer:
Spaßfaktor: ☺☺☺

Datum:
Spiel:
Dauer:
Spaßfaktor: ☺☺☺

Unsere schönsten Spaziergänge

Wo:

Was ist besonders schön:

Welche Hundefreunde trefft ihr da:

Hier kannst du ein schönes Foto eures Lieblingsortes auf der Gassirunde einkleben:

Was genießt dein Hund am meisten auf dem Spaziergang:

Wo:

Was ist besonders schön:

Welche Hundefreunde trefft ihr da:

Hier kannst du ein schönes Foto eures Lieblingsortes
auf der Gassirunde einkleben:

Was genießt dein Hund am meisten auf dem Spaziergang:

Was ist Agility?

Agility ist eine tolle Sportart für Hunde aller Größen und Rassen, die Spaß an Bewegung und dem Meistern von Hindernissen haben. Dazu müssen Hund und Halter einen Parcours mit verschiedenen Elementen, z. B. Tunneln, Hürden oder Slalomstangen, absolvieren. Neben der körperlichen Fitness kannst du beim Agility auch die Konzentration, Koordination und Reaktionsschnelligkeit deines Hundes sowie die Bindung zu dir enorm fördern.

Du kannst auch kleine Agility-Übungen auf euren täglichen Spaziergängen einbauen, indem du dich von deiner Umwelt inspirieren lässt.

Lass deinen Hund auf einen umgefallenen Baumstamm springen und darauf balancieren. Wenn er etwas mehr Übung darin hat, kannst du den Schwierigkeitsgrad steigern und ihn z. B. auf dem Stamm wenden, sitzen oder liegen lassen.

Nutze Pfeiler, Bäume oder Straßenlaternen und laufe zum Spaß einen Slalom mit deinem Hund. So lernt dein Hund, mehr auf dich zu achten.

Lass deinen Hund auf Mauern oder über kleine Hindernisse springen, die du unterwegs entdeckst.

Agility-Tracker

Datum	Übung	Dauer	Spaßfaktor
			☺ ☺ ☺
			☺ ☺ ☺
			☺ ☺ ☺
			☺ ☺ ☺
			☺ ☺ ☺
			☺ ☺ ☺
			☺ ☺ ☺
			☺ ☺ ☺
			☺ ☺ ☺
			☺ ☺ ☺
			☺ ☺ ☺

Was ist Apportieren?

Der Begriff Apportieren kommt ursprünglich von der Jagd, wo der Hund die erlegte Beute zum Jäger bringen sollte. Es gibt einige Rassen, die speziell für diese Aufgabe gezüchtet wurden und denen es tierischen Spaß macht, Bälle oder Futterbeutel (Dummy) zu apportieren.
Neben der körperlichen Bewegung wird durch das gemeinsame Spiel auch die Bindung zwischen dir und deinem Hund gestärkt.

So bringst du deinem Hund in sieben Schritten Apportieren bei:

1. Zunächst muss dein Hund das Signal „Aus" beherrschen, damit er den Dummy auch wieder herausgibt.

2. Sichere deinen Hund mit einer Schleppleine und beginne mit dem Training in einer Umgebung mit möglichst wenigen Reizen. Fülle den Futterdummy mit schmackhaften Leckerlis.

3. Mache deinen Hund auf den Futterbeutel aufmerksam und wirf ihn ca. 1 m von dir entfernt hin.

4. Lobe deinen Hund und locke ihn zu dir, sobald er den Futterbeutel aufnimmt. Er muss ihn noch nicht ganz zu dir bringen. Wichtig ist, dass er ihn aufnimmt.

5. Nimm deinem Hund freundlich den Dummy ab, öffne den Beutel und lass deinen Hund kurz daraus fressen.

6. Nach wenigen Versuchen wird dein Hund verstanden haben, dass er nur mit deiner Hilfe an den Inhalt des Dummys kommt.

7. Erweitere nun die Übung nach und nach, bis dein Hund dir den Dummy von sich aus in die Hand legt.

Apportier-Tracker

Datum	Dauer	Spaßfaktor
		☺☺☺
		☺☺☺
		☺☺☺
		☺☺☺
		☺☺☺
		☺☺☺
		☺☺☺
		☺☺☺
		☺☺☺
		☺☺☺
		☺☺☺

Quiz zur Hundesprache

Wie gut verstehst du, was dein Hund dir sagen will? Stelle dir folgende Situationen vor und kreuze an, wie sich dein Hund gerade fühlt.

Frage 1

Ihr seid zu Hause und dein Hund beginnt plötzlich, intensiv am Boden zu schnuppern und sich dabei im Kreis zu drehen. Was möchte er?

A) Dein Hund ist müde und sucht sich ein gemütliches Plätzchen.
B) Dein Hund hat einen interessanten Geruch gefunden, dem er nachgehen möchte.
C) Dein Hund sucht nach einer Stelle für sein Geschäft.

Frage 2

Du bist mit deinem Hund bei einer Welpenspielstunde oder mit einer Hundegruppe im Park unterwegs. Einer oder mehrere andere Hunde bedrängen deinen Hund, dieser läuft zu dir und versucht, sich zwischen deine Beine zu setzen. Wie reagierst du?

A) Dein Hund ist feige und er muss lernen, sich durchzusetzen. Das können die unter sich regeln. Du ignorierst deinen Hund, um seine Angst nicht zu verstärken.
B) Du forderst deinen Hund auf, doch mit den anderen zu spielen, und unterhältst dich weiter.
C) Du gibst ihm Schutz und schickst die anderen Hunde weg oder entfernst dich mit deinem Hund aus der Situation.

Frage 3

Du rufst deinen Hund und dieser reagiert nicht gleich. Wenn du dann lauter und energischer rufst, kommt er zwar zu dir, lässt sich dabei aber viel Zeit, läuft in einem Bogen auf dich zu oder schnuppert an einer Stelle. Was will er dir damit sagen?

A) Er möchte dich friedlich stimmen und dir mitteilen, dass er es nicht böse meint.
B) Er ist einfach abgelenkt und hat wenig Interesse an dir.
C) Er ignoriert dich bewusst, um dich zu ärgern.

Frage 4

Dein Hund beginnt beim Training plötzlich zu gähnen oder sich zu kratzen und versucht, dir auszuweichen. Was will er dir sagen?

A) Er hat keine Lust darauf, dein Kommando auszuführen.
B) Er versteht nicht ganz, was du von ihm erwartest, und tut das aus Unsicherheit.
C) Er ist müde oder es juckt ihn.

Frage 5

Du liebst deinen Hund und zeigst ihm das auch regelmäßig mit spontanen Umarmungen, Streicheln oder Küssen auf den Kopf. Dein Hund leckt sich die Lippen, wendet den Blick ab und versucht, dich zu ignorieren.
Was signalisiert er?

A) Dein Hund möchte in Ruhe gelassen werden.
B) Du weißt nicht, ob und warum er dieses Verhalten zeigt, und findest es nicht weiter ungewöhnlich.
C) Er zeigt Beschwichtigungssignale und ihm ist deine Liebesattacke unangenehm.

Die Auflösung zu diesem kleinen Quiz findest du auf Seite 119.

Funfact:

Hunde können bis zu 100 verschiedene Gesichtsausdrücke zeigen. Die meisten davon werden von den Ohren gezeigt, andere über die Maulregion und die Augen. Wie viele Gesichtsausdrücke kennst du bei deinem Hund?

WUSSTEST DU, DASS ...

... die Beziehung zwischen Mensch und Hund schon seit mehr als 30.000 Jahren besteht? In Frankreich wurden aus dieser Zeit versteinerte Pfotenabdrücke neben den Fußabdrücken eines Kindes entdeckt.

... Hunde nicht nur schwarz-weiß sehen, sondern auch Farben wahrnehmen können? Rottöne sind für sie nicht gut sichtbar, aber Grün und Blau können sie sehr gut unterscheiden.

... Bloodhounds die besten Nasen der Hundewelt haben und sogar Gerüche erschnüffeln können, die bereits 300 Stunden alt sind?

... es in Russland eine Gruppe Straßenhunde gibt, die herausgefunden hat, wie man mit der U-Bahn fährt? Die Hunde reisen regelmäßig durch die Stadt zu weiter entfernten Futterplätzen.

... Hunde auch fernsehen können, seit es HDTV gibt? Die höheren Bildraten sorgen dafür, dass Hunde die Bilder besser erkennen können.

... einen Hund streicheln den Blutdruck senkt, beruhigt und das Glückshormon Oxytocin ausschüttet? Und zwar sowohl bei uns Menschen als auch bei unseren Hunden.

... Hundepfoten manchmal nach Popcorn riechen? Das liegt daran, dass der Hundeschweiß, der über die Pfoten abgegeben wird, sich mit Mikroorganismen im Boden verbindet. Das erzeugt diesen Geruch.

... dass Paul McCartney den Beatles-Song „A day in a life" für seinen geliebten Border Collie geschrieben hat?

Berühmte Hunde

Des Menschen bester Freund bringt es manchmal durch seine Loyalität zu ganz besonderer Berühmtheit. Diese Fellnasen solltest du unbedingt kennen.

Greyfriars Bobby

Bobby war ein Skye Terrier, der zusammen mit seinem Herrchen Greyfriar in der schottischen Stadt Edinburgh lebte. Nach dem Tod seines Besitzers wachte Bobby 14 Jahre lang jeden Tag an dessen Grab. Der treue Vierbeiner gewann die Herzen der Anwohner und wurde weiter von ihnen versorgt. Heute steht das Grab von Bobby direkt am Eingang des Greyfriars Friedhof und statt Blumen legen die Menschen kleine Stöckchen auf sein Grab.

Hachiko

Der Akita Inu folgte seinem Besitzer jeden Morgen, wenn dieser zum Bahnhof ging, um zur Arbeit zu fahren, und wartete dort den ganzen Tag auf seine Rückkehr. Auch nach dem Tod von Hachikos Besitzer wartete der Rüde zehn Jahre lang jeden Tag am Bahnhof auf ihn. Er wurde in seiner Heimatstadt Tokio zu einem Symbol für Treue und heute ziert eine Statue von Hachiko den Platz vor dem Bahnhof.

Laika

Die russische Hündin Laika war 1954 das erste Lebewesen in der Umlaufbahn der Erde, an Bord der sowjetischen Raumsonde Sputnik. Leider verstarb sie aufgrund von Hitze und Stress bereits nach wenigen Stunden im All. Sputnik umkreiste noch mehr als 2000-mal die Erde und verglühte dann in der Atmosphäre.

Momente der Dankbarkeit

Du hast einen Moment mit deinem Hund erlebt, in dem du besonders gespürt hast, wie sehr du ihn liebst und in deinem Leben schätzt?
Hier ist Platz für all diese einzigartigen Augenblicke.

Datum	Was ist passiert?	Danke Faktor
		♡ ♡ ♡
		♡ ♡ ♡
		♡ ♡ ♡
		♡ ♡ ♡
		♡ ♡ ♡

Datum	Was ist passiert?	Danke Faktor
		♡ ♡ ♡
		♡ ♡ ♡
		♡ ♡ ♡
		♡ ♡ ♡
		♡ ♡ ♡
		♡ ♡ ♡

Wenn dir mal alles zu viel wird, schnapp dir deinen Hund und gehe eine Runde Gassi.

Bindung beim Gassigehen stärken

Du kannst im Alltag viele kleine Übungen mit deinem Hund machen, die nachhaltig eure Bindung stärken und die Beziehung zwischen euch verbessern. Hier ein paar Tipps für dich und deine Fellnase.

Schau mir in die Augen, Kleiner

Häufiger Blickkontakt ist die Basis für eine gute Bindung und ein effektives Training. Belohne deinen Hund, wenn er dich von sich aus ansieht, mit einem freundlichen Wort oder trainiere gezielt, dass er sich dir zuwendet, wenn du ihn ansprichst.

Ausgetretene Pfade verlassen

Immer nur den normalen Weg auf der Gassirunde laufen, kann auf Dauer ganz schön langweilig werden. Wie wäre es, wenn ihr mal die eingetretenen Pfade verlasst und schaut, welche Entdeckungen z. B. ein paar Meter neben dem Weg auf euch warten. Dein Hund wird mit Sicherheit begeistert an deiner Seite sein und gemeinsam mit dir das „neue" Terrain entdecken. Beachte aber dabei die Brut- und Setzzeit und lass deinen Hund zwischen 1. April und 15. Juli nicht durch das Unterholz stromern.

Lass deinen Hund hündisch sein

Unsere Hunde müssen sich im Alltag größtenteils uns Menschen anpassen. Mache mit deinem Hund unterwegs Dinge, die ihm Spaß machen. Entdecke mit ihm zusammen spannende Schnüffelstellen, feuere ihn beim Buddeln an oder tobe ausgelassen eine Runde mit ihm. Er wird es dir danken, wenn du hin und wieder auf Hundeart mit ihm spielst.

Unsere Top-3-Gassirunden

Zeichne eine grobe Karte eurer Gassirunde und markiere die besonderen Stellen, z. B. schöne Rastplätze oder Badestellen für Hunde.

Gassirunde entdeckt am:
Adresse:
Dauer der Runde:
Versteckte oder schöne Ecken:

Gassirunde entdeckt am:
Adresse:
Dauer der Runde:
Versteckte oder schöne Ecken:

Gassirunde entdeckt am:
Adresse:
Dauer der Runde:
Versteckte oder schöne Ecken:

Gassirunden-Tracker

Hier kannst du eintragen, wann und wie lange du mit deinem Hund spazieren warst.

Datum	Gassirunde	Dauer/Entfernung	Spaßfaktor
			☺ ☺ ☺

Datum	Gassirunde	Dauer/Entfernung	Spaßfaktor
			☺ ☺ ☺

Datum	Gassirunde	Dauer/Entfernung	Spaßfaktor
			☺ ☺ ☺

Datum	Gassirunde	Dauer/Entfernung	Spaßfaktor
			☺ ☺ ☺

Datum	Gassirunde	Dauer/Entfernung	Spaßfaktor
			☺ ☺ ☺

Datum	Gassirunde	Dauer/Entfernung	Spaßfaktor
			☺ ☺ ☺

Bucketlist für Ausflüge mit deinem Hund

Was möchtest du mit deinem Hund demnächst unternehmen?

Das wollt ihr noch mal tun:

-
-
-
-

Das wolltet ihr schon immer mal ausprobieren:

-
-
-
-

Damit habt ihr keine so guten Erfahrungen gemacht:

-
-
-
-

So fährt dein Hund sicher im Auto mit

Hier kannst du ankreuzen, wo dein Hund im Auto gern mitfährt. Die hier aufgeführten Methoden sind von der Straßenverkehrsordnung zugelassen und am sichersten für deinen Hund. Damit ihr jederzeit heil am Ziel ankommt.

- im Kofferraum mit einem Trenngitter
- in einer Hundebox im Kofferraum
- in einer Hundebox hinter dem Fahrersitz
- in einer Hundebox auf dem Rücksitz
- angeschnallt auf dem Rücksitz

Trainingstipp:

Gewöhne deinen Hund langsam ans Autofahren und unternimm erst einmal nur kurze Ausflüge mit einem Ziel, das dein Hund liebt, z. B. den Hundepark oder Hundestrand. Am besten transportierst du ihn immer auf demselben Platz im Auto. Dann gewöhnt er sich schnell daran und hat während der Fahrt weniger Stress.

Weitere Informationen zur Sicherheit für Hunde im Auto findest du hier: https://das-lieblingsrudel.de/themen/sicher-im-auto/

Urlaub mit Hund

Für uns Hundemenschen gibt es nichts Schöneres, als auch im Urlaub Zeit mit unseren Fellnasen zu verbringen. Doch ein Urlaub mit Hund will gut vorbereitet sein. Darauf musst du bei der Planung achten:

Erkundige dich über die Einreisebestimmungen für deinen Hund in das jeweilige Urlaubsland. Beachte auch eventuelle Vorschriften des Urlaubslands zu Leinen- oder Maulkorbzwang.

Besorge dir einen EU-Heimtierausweis vom Tierarzt und plane die nötigen Impfungen rechtzeitig ein.

Suche dir eine Unterkunft, in der Hunde erlaubt sind, und schaue dich direkt um, wo ihr in der Nähe Gassi gehen könnt.

Nimm ausreichend Futter mit, damit sich dein Hund im Urlaub nicht umstellen muss. Wenn du ihn mit Frisch- oder Frostfleisch ernährst, stelle ihn rechtzeitig auf die Urlaubsalternative um oder suche dir einen Laden vor Ort, der Frischfleisch anbietet.

Packe die Koffer deines Hundes mithilfe der Urlaubs-Packliste (siehe rechts).

Füttere deinen Hund nicht, bevor ihr euch auf die Reise macht. Mit vollem Magen kann ihm schlecht werden und das erzeugt viel Stress während der Fahrt.

Plane ausreichend Pausen für die Fahrt ein, damit dein Hund sich die Beine vertreten und etwas trinken kann.

Gute Fahrt und viel Spaß im Urlaub!

Urlaubs-Packliste für deine Fellnase:

Impfpass bzw. EU-Heimtierausweis
Hundebett und Hundedecke
Futter- und Wassernapf
Futter, Leckerlis und Kausnacks
Halsband, Geschirr, Leine, Schleppleine
Maulkorb (in manchen Ländern Pflicht)
Spielzeug
Handtücher
Kotbeutel
eventuelle Medikamente
Reiseapotheke / Verbandskasten
Reisenapf und frisches Wasser

Informiere dich vorab über:

Adresse und Kontaktdaten des Tierarztes im Urlaubsort
Adresse und Kontaktdaten der nächstgelegenen Tierklinik bzw. Tiernotdienst
Adresse des nächsten Tierfachhandels (z.B. für Futter)
Hundewiesen, Hundestrände und andere Orte zum Gassigehen

Urlaubserinnerungen

Vom .... bis .... waren wir in ....

Wer war alles dabei: ....

Welche schönen Momente hast du mit deinem Hund erlebt:

Das war das Beste am Urlaub:

Unser Foto:

Vom　　　　bis　　　　waren wir in

Wer war alles dabei:

Welche schönen Momente hast du mit deinem Hund erlebt:

Das war das Beste am Urlaub:

Unser Foto:

Der Hunde-senior

Für meine graue Schnauze

Ich schau dich an, alles wie immer,
Nur um die Nase ein grauer Schimmer.
Dein Blick ist müde, etwas trübe,
Doch noch immer voller Liebe.

Langsamer ziehn wir unsre Runden,
Genießen mehr die ruhigen Stunden.
Wir verstehn uns fast schon blind,
Weil wir Seelenverwandte sind.

Treue, Liebe und Respekt,
Mein Leben ist mit dir perfekt.
Ich schau dich an voll Dankbarkeit,
Für unsere wunderbare Zeit.

Für meinen Schrödi
(06.1.2002 bis 13.7.2013)

So langsam wird dein Hund älter

Seine ersten grauen Haare hat er bekommen:
Spaziergänge mit ihm werden gemütlicher:
Die ersten kleinen Zipperlein:
Chronische Erkrankungen:

Diese Medikamente muss dein Hund nehmen:

Tipps, die Hunde jung halten

Mit einigen einfachen Tricks kannst du die Gesundheit deines älteren Hundes unterstützen und ihm so auch mit ersten Alterserscheinungen noch viel Lebensfreude und eine aktive Zeit geben.

Grünlippmuschelmehl

Das grüne Pulver wird als Zusatz unter das Hundefutter gemischt und unterstützt die Knochen- und Gelenkfunktionen.

Hanföl

Ein paar Tropfen Hanföl unterstützen die Haut- und Fellfunktionen und können der Agilität deines Hundes helfen.

Wer rastet, der rostet

Selbst wenn dein Hund keine großen Runden mehr laufen kann, können kleine Fitnessübungen seine Mobilität zu fördern.

In die (Hunde-)Jahre gekommen

Klebe hier ein Foto deiner ergrauten Fellnase ein.

Was schätzt du an deinem älteren Hund?

Schreibe hier auf, für welche Dinge du deinem Hund dankbar bist und wodurch er dein Leben verbessert. Welche Gemeinsamkeiten habt ihr und was kannst du von ihm lernen? Hier ist Platz für deine Gedanken.

Wunschliste für die letzten Jahre mit deinem Hund

Das möchtest du mit deiner betagten Fellnase unbedingt noch erleben:

Das wünschst du deinem Hund:

Die Regenbogenbrücke

Früher oder später kommt der Moment, an dem du Abschied von deiner geliebten Fellnase nehmen musst. Mache dir frühzeitig Gedanken dazu, was mit deinem Hund nach seinem Tod passieren soll. Dann bist du vorbereitet und musst dich mit solchen Dingen nicht auseinandersetzen, wenn der Moment kommt.

Möglichkeiten der Bestattung

Kreuze an, wie du dich von deinem Hund verabschieden möchtest

- Begräbnis im eigenen Garten: Das Grab sollte ca. 2 m von der Grundstücksgrenze entfernt und mindestens 70 cm tief sein. Wickle deinen Hund in ein weiches Material, das sich leicht zersetzt. Und wichtig ist: Es muss dein eigenes Grundstück sein und darf nicht in einem Wasserschutzgebiet liegen!

- Beerdigung auf dem Tierfriedhof: Du lässt deinen Hund offiziell beisetzen auf einem öffentlichen oder privaten Tierfriedhof. Wie bei einem menschlichen Grab kannst du auch hier einen Grabstein setzen und seine letzte Ruhestätte besuchen und pflegen.

- Einäscherung und eine Urne: Wenn du deinen Hund auch nach seinem Tod immer bei dir haben möchtest, kannst du ihn einäschern lassen und eine schöne Urne aussuchen. Gestalte ihm einen Ehrenplatz bei dir zu Hause oder im Garten.

- Verbleib beim Tierarzt: Bei dieser Art bleibt der Körper des Hundes beim Tierarzt und wird in eine Tierkörperbeseitigungsanlage verbracht.

Wichtige Erledigungen:

Wenn dein Hund über die Regenbogenbrücke gegangen ist, solltest du ihn abmelden bei:

- der Hundesteuer
- Tierregister (z. B. TASSO)
- der Haftpflicht- und ggf. Hundekrankenversicherung

Deine liebsten Erinnerungsstücke an deinen Hund

Hier kannst du eine Sammlung der schönsten Erinnerungen an deinen Hund aufkleben, z. B. eine Strähne seines Fells, seine Hundemarke oder andere Dinge, die dir ein Lächeln aufs Gesicht zaubern.

Gut zu wissen:

Der älteste Hund der Welt war ein Australian Cattle Dog namens „Blue Eye", der 1910 geboren wurde. Er wurde ganze 29 Jahre, 6 Monate und 12 Tage alt und wird sogar im Guinness-Buch der Rekorde genannt. Die Kelpie-Hündin „Maggie", die 2015 verstarb, wurde sogar mehr als 30 Jahre alt. Leider hatte der Besitzer jedoch die nötigen Unterlagen verloren und so schaffte sie es nicht ins Guinness-Buch der Rekorde.

Lieblingsfoto

Klebe hier dein liebstes Foto von euch beiden als Erinnerung ein.

Das verbindest du mit dieser Erinnerung:

Abschiedsbrief an deine Fellnase

Hier ist Platz für alles, was du deinem Hund mit auf die letzte Reise geben möchtest.

*Ein Hund,
der einmal einen Platz
in deinem Herzen hat,
wird für immer dort
bleiben.*

Wichtige Adressen

Hier ist Platz für wichtige Adressen und Kontaktdaten.

Liebster Hundeladen:

Name:
Adresse:
Telefon:
Öffnungszeiten:

Euer Hundefrisör:

Name:
Adresse:
Telefon:
Öffnungszeiten:

Eure Hundesportgruppe:

Name:
Adresse:
Telefon:
Regelmäßige Treffzeiten:

Weitere wichtige Adressen:

Name:
Adresse:
Telefon:
Öffnungszeiten:

Name:
Adresse:
Telefon:
Öffnungszeiten:

Gut zu wissen:

Mehr als 9 Milliarden Euro geben die Deutschen im Jahr für ihre Haustiere aus. Davon entfallen allein 3,7 Milliarden auf Tierfutter, Tierärzte verdienen rund 2 Milliarden im Jahr und ca. 1 Milliarde wird für Zubehör wie Betten, Leinen und Spielzeuge gezahlt.

Kalender Tierpensionen

Dein Hund macht Urlaub in der Tierpension:

von	bis	Pension	Kosten

Dein Hund macht Urlaub in der Tierpension:

von	bis	Pension	Kosten

Dein Hund macht Urlaub in der Tierpension:

von	bis	Pension	Kosten

Dein Hund macht Urlaub in der Tierpension:

von	bis	Pension	Kosten

Dein Hund macht Urlaub in der Tierpension:

von	bis	Pension	Kosten

Gut zu wissen:

Die Preise für eine gute Hundepension liegen zwischen 15 und 18 Euro pro Tag. Bevor du deinen Hund in einem Hundehotel unterbringst, solltest du ihn darauf vorbereiten. Hier findest du sieben Tipps zur Vorbereitung auf die Tierpension:
https://das-lieblingsrudel.de/7-tipps-vorbereitung-hundepension/

Kalender Hundesitter

Euer Hundesitter passt auf deine Fellnase auf:

von	bis	Hundesitter	Kosten

Euer Hundesitter passt auf deine Fellnase auf:

von	bis	Hundesitter	Kosten

Euer Hundesitter passt auf deine Fellnase auf:

von	bis	Hundesitter	Kosten

Euer Hundesitter passt auf deine Fellnase auf:

von	bis	Hundesitter	Kosten

Euer Hundesitter passt auf deine Fellnase auf:

von	bis	Hundesitter	Kosten

Gut zu wissen:

Die Preise für einen guten Hundesitter liegen zwischen 10 und 15 Euro pro Tag. Damit dein Hund eine gute Zeit hat und sicher wieder nach Hause kommt, sollten du und dein Hund den Hundesitter vorher persönlich kennenlernen. Hier findest du Tipps für die Auswahl des richtigen Hundesitters: https://das-lieblingsrudel.de/richtigen-dogsitter-finden/

Familienplaner / Stundenplan

Hier findest du genügend Platz, um alle Aufgaben festzuhalten, die in deinem Alltag mit Hund anfallen. Trage ein, was wann zu erledigen ist und halte pro Wochentag fest, wer das To-do übernimmt.

Aufgaben	MO	DI	MI
Uhrzeit:			
Uhrzeit:			
Uhrzeit:			
Uhrzeit:			
Uhrzeit:			
Uhrzeit:			
Uhrzeit:			

Do	Fr	Sa	So	Notizen

Das kostet dein Hund

Anschaffungskosten:

Position	Betrag
Hundebett/-decke	
Halsband, Leine, Geschirr	
Futter- und Wassernäpfe	
Spielzeug	
Futter, Leckerlis und Kausnacks	
Autozubehör	

Gesamtkosten:

Monatliche Kosten:

Position	Betrag
Futter, Snacks und Leckerlis	
Spielzeug	
Hundeschule	
Spielzeug	
Hundesport	
Tierarzt/Medikamente	

Gesamtkosten:

Sonderausgaben:

Position	Betrag

Steuern und Versicherungen:

Position	Fälligkeit	Betrag
Hundesteuer		
Hundehalter-Haftpflicht-versicherung		
Hunde-Kranken-versicherung		
Sonderausgaben		

Gesamtkosten:

Funfact:

Manche Hunde werden so richtig verwöhnt von ihren Besitzern: Sie haben ihre eigene Garderobe mit verschiedenen Halsbändern, Leinen, Mänteln und anderen Mode-Accessoires, werden im Kinderwagen herumgeschoben oder bekommen nur feinstes Selbstgekochtes zu fressen. Die Besitzer macht es glücklich, ihre Hunde so zu verwöhnen. Den Fellnasen selbst ist es wohl meist egal.

Doggy Birthdays

Halte hier die Geburtstagstermine eurer Hundefreunde fest!

Name:
Geburtstag:

Name:
Geburtstag:

Name:
Geburtstag:

Name:
Geburtstag:

Name:
Geburtstag:

Name:
Geburtstag:

Name:
Geburtstag:

Name:
Geburtstag:

Auflösung und Ergebnisse zum Hunde-IQ-Test

Wie hat dein Hund beim IQ-Test (siehe Seite 56–57) abgeschnitten? Zähle hier seine Punktzahl zusammen.

Frage 1: a = 1 Punkt; b = 3 Punkte; c = 4 Punkte
Frage 2: a = 1 Punkt; b = 3 Punkte; c = 4 Punkte
Frage 3: a = 4 Punkte; b = 3 Punkte; c = 1 Punkt
Frage 4: a = 1 Punkt; b = 4 Punkte; c = 3 Punkte
Frage 5: a = 1 Punkt; b = 2 Punkte; c = 3 Punkte
Frage 6: a = 3 Punkte; b = 2 Punkte; c = 1 Punkt
Frage 7: a = 1 Punkt; b = 3 Punkte, c = 2 Punkte
Frage 8: a = 2 Punkte; b = 1 Punkt; c = 3 Punkte

8 bis 12 Punkte

Besonders viel kann dein Hund noch nicht, aber mit ein bisschen Training wird das sicher schnell besser. Mache den IQ-Test doch in ein paar Monaten noch einmal. Dann schneidet deine Fellnase bestimmt besser ab.

13 bis 18 Punkte

Dein Hund hat bereits ab und zu ein Aha-Erlebnis. Bleibe weiter dran, trainiere fleißig und du wirst sehen, dass er sich schon bald besser anstellt.

19 bis 24 Punkte

Dein Hund ist ein cleveres Kerlchen und darauf kannst du stolz sein. Denn was er kann, hängt auch viel mit dem zusammen, was und wie du mit ihm trainierst. Macht weiter so!

25 bis 28 Punkte

Wow, dein Hund ist echt clever! Fördere ihn unbedingt weiter und laste ihn geistig aus, damit ihm nicht langweilig wird.

Auflösung und Ergebnisse zum Quiz zur Hundesprache

Welche Antworten hast du im Quiz zur Hundesprache (siehe Seite 76–77) gegeben? Rechne hier deine Punkte zusammen.

Frage 1: a = 0 Punkte; b = 1 Punkt; c = 2 Punkte
Frage 2: a = 0 Punkte; b = 1 Puntkt; c = 2 Punkte
Frage 3: a = 2 Punkte; b = 1 Punkt; c = 0 Punkte
Frage 4: a = 0 Punkte; b = 2 Punkte; c = 1 Punkt
Frage 5: a = 1 Punkt; b = 0 Punkte; c = 2 Punkte

Richtige Antworten:
1 = c, 2 = c, 3 = a, 4 = b, 5 = c

0 bis 4 Punkte

Deine Kenntnisse der Hundesprache sind ausbaufähig. Deshalb habe ich hier im Buch viele Tipps und Anregungen zusammengestellt, damit du deinen Hund besser verstehen lernst. Beobachte ihn genauer und mache den Test in ein paar Wochen noch einmal.

5 bis 7 Punkte

Du kannst deine Fellnase schon ganz gut einschätzen, aber einige Dinge sind noch verbesserungsfähig. Beobachte deinen Hund genauer und lerne ihn jeden Tag ein Stückchen besser kennen. Dann klappt es beim nächsten Mal bestimmt schon ganz gut.

8 bis 10 Punkte

Hochachtung, du bist auf dem besten Weg, ein Hundeflüsterer zu werden. Dein Hund kann sich glücklich schätzen, dass du so sehr auf seine Körpersprache achtest. Mache weiter so!

Wichtige Kontaktdaten auf einen Blick

Tierarzt:

Tierklinik:

Tierpension:

Hundesitter:

Kontaktperson im Notfall:

TASSO-Hotline: 24-Stunden-Notruf +49 (0) 61 90 / 96 76 00
TASSO-Kennnr.:

Wichtige Infos für den Tiersitter

Allergien etc. beim Hund:

Fütterungszeiten & Menge:

Morgens

Mittags

Abends

Gassizeiten:

Morgenrunde _____ Uhr, _____ Dauer

Mittagsrunde _____ Uhr, _____ Dauer

Abendrunde _____ Uhr, _____ Dauer

Sonstige Informationen:

Was gibt es noch zu beachten:

Die Autorin & ihre Fellnasen

Franziska Schneider, Jahrgang 1980, lebt mit ihrem schottischen Mann und ihren beiden Hunden auf einem alten Bauernhof in der Nähe von Berlin. „Fellnasentage" ist ihre erste Buchveröffentlichung.

Beruflich kommt Franziska aus dem Event- und Künstlermanagement und hat 20 Jahre lang als Tourneemanagerin Bands und Shows durch Europa begleitet. Immer an ihrer Seite war ihr erster Hund, der Labrador Mischling Herr Dr. Schröder. Seit drei Jahren berichtet sie auf ihrem eigenen Blog „Das Lieblingsrudel" (www.das-lieblingsrudel.de) über das Leben und den Alltag mit ihren beiden Hunden Murdoch und Freya.

© www.wj-schneider.de

Murdoch ist sechs Jahre alt und ein wilder Mix aus Labrador, Dalmatiner, Schäferhund und Rhodesian Ridgeback – eine sehr energetische Mischung! Er ist für jeden Spaß zu haben, eine echte Sportskanone und immer voller Eifer dabei. Aufmerksam, wachsam und ein wahrer Sonnenschein!

Die Cane-Corso-Hündin **Freya** (Püppi) ist vier Jahre alt und kam mit knapp einem Jahr aus dem Tierschutz zum Lieblingsrudel. Sie hat ihren ganz eigenen Kopf, mit dem man umzugehen lernen muss. Beide zusammen sind ein wahres Dreamteam und inspirieren ihr Frauchen Franziska jeden Tag aufs Neue.

IMPRESSUM

Autorin: Franziska Schneider
Layout und Satz: Vivian Ellermeyer
Produktmanagement & Redaktion:
Carolin Hensler
Lektorat: Cosima Kroll
Korrektorat: Karin Leonhart
Umschlaggestaltung: Leeloo Molnar
Repro: LUDWIG:media
Herstellung: Bettina Schippel,
Stephanie Schlemmer
Printed in Slovenia by Florjancic

Sind Sie mit diesem Titel zufrieden? Dann würden wir uns über Ihre Weiterempfehlung freuen. Erzählen Sie es im Freundeskreis, berichten Sie Ihrem Buchhändler oder bewerten Sie bei Onlinekauf. Und wenn Sie Kritik, Korrekturen, Aktualisierungen haben, freuen wir uns über Ihre Nachricht an: Christian Verlag, Postfach 40 02 09, D-80702 München oder per E-Mail an lektorat@verlagshaus.de.

Unser komplettes Programm finden Sie unter

Alle gezeigten Illustrationen und Fotos sind urheberrechtlich geschützt. Eine gewerbliche Nutzung ist untersagt. Dies gilt auch für eine Vervielfältigung bzw. Verbreitung über elektronische Medien. Autorin und Verlag haben alle Angaben und Anleitungen mit größtmöglicher Sorgfalt zusammengestellt. Dennoch kann bei Fehlern keinerlei Haftung für direkte oder indirekte Folgen übernommen werden. Sollte dieses Werk Links auf Webseiten Dritter enthalten, so machen wir uns die Inhalte nicht zu eigen und übernehmen für die Inhalte keine Haftung.

Bildnachweis:
Umschlag: Marianna Pashchuk/Shutterstock
Innenteil: a_bachelorette/Shutterstock: 73; Aleksei Borisov/Shutterstock: 51; IreneArt/Shutterstock: 14, 24, 37, 45, 57, 84, 113; Ksusha Dusmikeeva/Shutterstock: 5, 6, 13, 18, 23, 27, 34, 38, 46, 55, 61, 75, 79, 81, 97, 103, 105, 107; Lakonizm/Shutterstock: 47, 112, 113; los_ojos_pardos/Shutterstock: 6, 8, 22, 23, 27, 31, 48, 65, 77, 105, 118; miumi/Shutterstock: 66, 67, 78, 79, 83; natiavektor/Shutterstock: 48, 68; Pirina/Shutterstock: 28; reiza/Shutterstock: 50; Ruslana_Vasiukova/Shutterstock: 17, 42, 50, 100, 109; solmariart/Shutterstock: 3, 5, 8, 20, 22, 28, 53, 61, 78, 87, 90, 95; Sprocketville/Shutterstock: 3, 8, 12, 31, 48, 49, 59, 64, 65, 111, 115; Sunny Sally/Shutterstock: 17, 69, 93; S-Victoria/Shutterstock: 15, 28, 58, 78, 79, 85, 86, 87, 88, 90; venimo/Shutterstock: 12, 15, 18, 28, 39, 41, 45, 111; Volha Kratkouskaya/Shutterstock: 47

© 2019 Christophorus Verlag in der Christian Verlag GmbH, München
Alle Rechte vorbehalten

ISBN 978-3-86517-154-2

Kreativ-Service

Sie haben Fragen zu den Büchern und Materialien? Frau Erika Noll ist für Sie da und berät Sie rund um alle Kreativthemen. Rufen Sie an! Wir interessieren uns auch für Ihre eigenen Ideen und Anregungen. Sie erreichen Frau Noll per E-Mail: **mail@kreativ-service.info** oder Tel.: **+49 (0) 5052 / 91 18 58**

Besuchen Sie uns im Internet: www.christophorus-verlag.de

Ebenfalls erhältlich ...

ISBN: 978-3-86517-155-9

ISBN: 978-3-8388-3728-4